順天府志卷之四目録

順天府志卷之四目錄

食貨

田賦

戶口

食貨類小言

高以下基，民以食天。厥惟食貨，八政首宣。翼翼畿甸，王治所先。今逢聖世，蒼赤盈編。有化必洽，有土必佃。六等則壤，賦準陌阡。皇謨廣大，庶富永年。於戲，邦本立焉，國用克焉，教敦俗美，風動隨焉。志食貨類。

户口

大興縣

原額一萬五千一百六十三户，七萬一千七百九十七丁口。

實在一萬五千一百六十三户，七萬一千七丁口。

今續入原額人丁四千一百三十六丁，實在人丁二千八百九十二丁。

宛平縣

原額一萬四千四百四拾一户，六萬一千二百一拾五丁口。

實在一萬四千四百四十一户，六萬二千六十七丁口。

今續入原額人丁一萬四千三十丁，實在人丁

一萬一千六十四丁。

良鄉縣

原額二千九百户，一萬三千七百七丁口。

實在二千九百一户，一萬四千八百六丁口。

今續入原額人丁一千八百四十四丁，實在人丁二千五百六十三丁。

固安縣

原額四千三百三十五户，四萬四千一百三十五丁口。

實在四千三百三十五户，三萬五千一百三十五丁口。

今續入原額人丁二萬二千三百五十二丁，實在人丁一萬二千八十六丁。

永清縣

原額一千三百一十户，一萬二千九百九十四丁口。

實在一千三百一十户，一萬三千二百四十八丁口。

今續入原額人丁七千五百三十一丁，實在人丁九千七百七十五丁。

一萬一千六十四丁。

良鄉縣

原額二千九百户，一萬三千七百七丁口。

實在二千九百一户，二萬四千八百六丁口。

今續入原額人丁一千八百四十四丁，實在人丁二千五百六十三丁。

固安縣

原額四千三百三十五户，四萬四千一百三十五丁口。

實在四千三百三十五户，三萬五千一百三十五丁口。

今續入原額人丁二萬一千二百五十二丁，實在人丁一萬二千八十六丁。

永清縣

原額一千三百一十户，一萬二千九百九十四丁口。

實在一千三百一十户，一萬三千二百四十八丁口。

今續入原額人丁七千五百三十一丁，實在人丁九千七百七十五丁。

東安縣

原額一千八百三十八户，一萬二千五十四丁口。

實在三千六百八十一户，一萬三千二百四十八丁口。

今續入原額人丁七千五百三十二丁，實在人丁三千九百九十丁。

香河縣

原額一千三百六十一户，八千九百三十一丁口。

實在一千三百六十一户，九千一百九十四丁口。

今續入原額人丁三千三十三丁，實在人丁一千三百六十丁。

通州（漷縣并入）

原額三千八百九十六户，一萬八千五百七丁口。

實在三千六百八十七户，一萬二千九百五十四丁口。

今續入原額人丁五千四百十二丁，實在人丁一

千二百八十九丁。

三河縣

原額二千八百三十二户，一萬八千七百二丁口。

實在一千四百一十二户，一萬四千一百五十二丁口。

今續入原額人丁一萬一十丁，實在人丁九百九十三丁。

武清縣

原額三千三百三十户，二萬七千六百九十七丁口。

實在一千六百七十三户，二萬一百八十三丁口。

今續入原額人丁七千一百三十一丁，實在人丁二千六百零六丁。

寶坻縣

原額三千六百七十八户，三萬二千三百四十五丁口。

實在三千七百二十户，三萬六千六百八十四丁口。

千二百八十九丁。

三河縣

原額二千八百三十二戶，一萬八千七百二丁口。

實在一千四百一十二戶，一萬四千一百五十二丁口。

今續人原額人丁一萬一十丁，實在人丁九百九十三丁。

武清縣

原額三千三百三十戶，二萬七千六百九十七丁口。

實在一千六百七十三戶，二萬一百八十三丁口。

今續人原額人丁七千一百三十一丁，實在人丁二千六百零六丁。

寶坻縣

原額三千六百七十八戶，三萬二千三百四十五丁口。

實在三千七百二十戶，三萬六千六百八十四丁口。

丁口。今續入原額人丁一萬一千九百一十一丁，實在人丁四千四百九十一丁。

玉田縣

原額一千一百一十一戶，一萬一千七百四十丁口。實在一千六百九十戶，一萬二千四百七十六丁口。今續入原額人丁一萬四百四十丁，實在人丁三千七百八十七丁。

平谷縣

原額一千二百三戶，八千九十六丁口。實在一千八百七戶，五千三百四十四丁口。今續入原額人丁五千四百四十四丁，實在人丁二千七百九十六丁。

遵化州

原額一千六百二十四戶，一萬八千七十四丁口。實在二千五十四戶，一萬七千七百八十二丁口。

丁口。

今續人原額人丁一萬一千九百一十二丁，實在人丁四千四百九十一丁。

王田縣

原額一千一百一十一戶，一萬一千七百四十丁口。

實在一千六百九十戶，一萬二千四百七十六丁口。

今續人原額人丁一萬四百四十丁，實在人三千七百八十七丁。

平谷縣

原額一千二百三戶，八千九十六丁口。

實在一千八百七戶，五千三百四十四丁口。

今續人原額人丁五千四百四十四丁，實在人丁二千七百九十六丁。

遵化州

原額一千六百二十四戶，一萬八千七十四丁口。

實在二千五十四戶，二萬七千七百八十二丁口。

今續入原額人丁六千八百二十三丁，實在人丁七千一百六十六丁。

涿州

原額五千四百六十四户，三萬八千八百六十九丁口。

實在五千四百六十四户，三萬九千四百三十丁口。

今續入原額人丁九千八百三十四丁，實在人丁九千三百二十四丁。

房山縣

原額一千八百二十九户，一萬二百九十七丁口。

實在一千三百四十八户，三萬六百四十七丁口。

今續入原額人丁五千零五丁，實在人丁三千八百六十九丁。

薊州

原額二千三百九十八户，一萬七千八百七十五丁口。

實在二千二百五十四户，一萬六千七百九十

今續人原額人丁六千八百二十三丁，實在人
丁七千一百六十六丁。

涿州

原額五千四百六十四戶，三萬八千八百六十
九丁口。
實在五千四百六十四戶，三萬九千四百三十
丁口。
今續人原額人丁九千八百三十四丁，實在人
丁九千三百二十四丁。

房山縣

原額一千八百二十九戶，一萬二百九十七丁
口。
實在一千三百四十八戶，三萬六百四十七丁
口。
今續人原額人丁五千零五丁，實在人丁三千
八百六十九丁。

薊州

原額二千三百九十八戶，一萬七千八百七十
五丁口。
實在二千二百五十四戶，一萬六千七百九十

今續入原額人丁一萬九千八百一十三丁，實在人丁一萬一百七十五丁。

豐潤縣

原額二千六百九十八户，三萬五百六十一丁口。

實在二千七百三十四户，二萬九千六百七十三丁口。

今續入原額人丁五千八百五十丁，實在人丁二千六百二十八丁。

昌平州

原額三千六百八十户，一萬六千九百四十六丁口。

實在二千九百九十户，一萬五千四百七十三丁口。

今續入原額人丁一千一百七十七丁，實在人丁二千四百一十三丁。

順義縣

原額一千二百四十七户，一萬二千四百七十七丁口。

實在一千二百四十七户，一萬二千九百六十

六丁口。

今續入原額人丁一萬一千七百一十六丁，實在人丁二千七百一十一丁。

密雲縣

原額一千六百四十七户，一萬六千四百四十七丁口。

實在一千六百四十七户，一萬七千五十一丁口。

今續入原額一萬六千五百五十三丁，實在八千三百三十二丁。

懷柔縣

原額一千二十户，六千六百四十二丁。

實在一千二十户，七千三百一十六丁。

今續入原額人丁三千八百七十二丁半，實在人丁一千七百三十丁。

霸州

原額三千七百二十户，六萬五千一百二十二丁口。

實在三千七百二十户，六萬五千三百五十六丁口。

今續入原額人丁六千九百一十三丁，實在人丁六千七百四十丁。

文安縣

原額三千六百三十户，二萬四百八十九丁口。

實在三千六百三十户，二萬五千六百九十五丁口。

今續入原額人丁八千八百七十六丁，實在人丁八千七百一十二丁。

大城縣

原額三千一百九十九户，三萬一千一百八十丁口。

實在三千一百九十九户，三萬一千九百七十三丁口。

今續入原額人丁一萬一千一百九十五丁，實在人丁一萬五百五十二丁。

保定縣

原額六百五十五户，三千五百丁口。

實在七百二十户，七千一百一十四丁口。

今續入原額人丁六百八十七丁，實在人丁八

百八十一丁。

田賦

大興縣丁附

原額民、屯、牧地共一千九百九頃六十三畝七分九厘有零，共征銀七千三百九十兩八錢五分三厘有零。除圈丈投充帶去地畝外，實在存剩撥補香火新舊開荒等地共五千五百四十六頃五十畝零，共征銀三千八百二十二兩三錢七分零。

原額人丁四千一百三十六丁，今編審實在行差人丁，共二千八百九十二丁，共征銀一千二百

三兩一錢一分零。

以上地丁二項，通實征銀五千二十五兩四錢九分五厘有零。

宛平縣丁附

原額民屯地三千二百七十二頃五十六畝五分三厘，共征銀九千四百八十五兩九錢八分有零。除圈丈投充帶去地畝外，實在民屯并撥剩香火等地共一千四百四十五頃八十七畝五分四厘零，共征銀四千六十九兩七錢八分三厘有零。

原額人丁共一萬四千三十丁，今編審實在行

百八十二丁。

田賦

大興縣丁附

原額民、屯、牧地共一千九百九頃六十三畝七分九厘有零，共征銀七千三百九十兩八錢五分三厘有零。除圈丈投充帶去地畝外，實存剩撥補香火新舊開荒等地共五千五百四十六頃五十畝零，共征銀三千八百二十二兩二錢七分零。

原額人丁四千一百三十六丁，今編審實在行差人丁，共二千八百九十二丁，共征銀一千二百

三兩一錢一分零。

以上地丁二項，通實征銀五千二十五兩四錢九分五厘有零。

宛平縣丁附

原額民屯地三千二百七十二頃五十六畝五分三厘，共征銀九千四百八十五兩九錢八分有零。除圈丈投充帶去地畝外，實在民屯并撥剩香火等地共一千四百四十五頃八十七畝五分四厘零，共征銀四千六十九兩七錢八分三厘有零。

原額人丁共一萬四千三十丁，今編審實在行

差人丁，共一萬一千六十四丁，共征銀三千八百二十二兩二錢八分零。

以上地丁二項，通實征銀七千八百九十二兩六分三厘有零。

良鄉縣丁附

原額民地二千九百一十八頃二十四畝二分五厘九毫，共征銀一萬三千四百一十五兩三錢九分八厘有零。除圈丈投充帶去地畝，本縣實在民地無，今撥補屯絕，清出夾空，并開備荒香火開墾等地，共一千九百二十五頃五十七畝三毫，共征

銀三千九百五十二兩三錢五分九厘有零。

原額門則二百七十九門，今實在門則二百五十七門，共征銀三十七兩三銀四分。

原額人丁一千八百四十四丁，今編審實在行差人丁，共二千五百六十三丁，共征銀三百六十九兩三錢。

以上地丁二項，通實征銀四千三百二十一兩六錢五分九厘有零。

固安縣丁附

原額民地除社學、堤占、養濟院、義冢等地一

百零八頃七十畝八厘一毫三絲，實存地三千九百七十三頃六畝六分七厘有零，該實征銀一萬二千六百八十九兩六錢九分二厘有零。除圈丈投充帶去地畝外，實在存剩本縣民地，并撥補隣境額外退閃等地，共一千七百五十二頃三十八畝九分九厘九毫一絲零，共征銀四千九百一十四兩一錢一分有零。

原額人丁，共二萬二千三百五十二丁，今編審實在行差人丁，共一萬二千八十六丁，共征銀二千九百八兩九分有零。

以上地丁二項，通實征銀七千八百四十兩四錢二分有零。

永清縣丁附

原額民撥折三項地五千二百六十二頃四十九畝四分一毫，共征銀一萬二千五百五十五兩九錢五分四厘有零。除圈丈投充帶去地畝外，實在民折并兑墾等地，共二千一百七十二頃七十九畝八分三厘三毫零，共征銀五千二百二兩二錢二分九厘有零。

原額人丁，共七千五百三十一丁，今編審實

在行差人丁九千七百七十五丁，共征銀一千七百二十四兩五錢六分七厘有零。

以上地丁二項，通實征銀六千九百二十六兩七錢九分六厘有零。

東安縣丁附

原額民地三千二百四十二頃八十四畝七分六厘，共征銀一萬八千七百七十九兩三錢三分有零。除圈丈投充帶去地畝外，實在存剩并撥補開荒等地，共二千九百八十八頃三十八畝五分三厘八毫，共征銀六千六百九十四兩二錢七分六厘有零。

原額人丁七千五百三十二丁，今編審實在行差人丁三千九百九十丁，共征銀一千四百三十七兩六錢九分有零。

以上地丁二項，通實征銀八千一百三十一兩九錢六分七厘有零。

香河縣丁附

原額民莊地三千四百五十五頃三十一畝一分四厘八毫，内除挑掘城壕民地五十一畝九分六厘八毫，該除銀一兩四錢六分一厘有零，净征銀

一萬三百二十五兩一錢六分一厘有零。除圈丈無遺，又除撥補復圈及派剩缸等銀外，實在受補開墾首報及歸并貼缸等地，共一千七百八十七頃七十七畝四分零，共征銀二千七百九十八兩三錢一分八厘有零。

原額人丁三千三十三丁，今編審實在行差人丁共一千三百六十丁，共征銀二百二十四兩五錢一分零。

以上地丁二項，通實征銀三千二十二兩八錢三分三厘有零。

通州丁附

原額上、中、下民地五千七百三十一頃七十六畝三分，共征銀一萬六千七十九兩六錢九分八厘有零。除圈丈投充帶去并撥給剩缸去地，實在民地無外，惟撥補查出開荒等地共一千九百四十八頃二十三畝五分五厘有零，共征銀三千五百七十七兩二錢七分一厘有零。

原額人丁五千四十二丁，今編審實在行差人丁一千二百八十九丁，共征銀一百四十兩一錢。

以上地丁二項，通實征銀三千七百一十七兩

三錢七分一厘有零。

三河縣丁附

原額民地六千四百一十二頃六十九畝七厘有零，内除無主荒地八十四頃九十四畝八厘有零，實地六千三百二十七頃七十四畝九分九厘四毫，共征銀一萬四千九百三十兩三錢二分五厘有零。除圈丈投充帶去地畝外，實在撥補清出等地二千三十一頃四十五畝四分二厘零，共征銀三千五百三十八兩五錢八分有零。

原額人丁共一萬一十丁，今編審實在行差人

丁共九百九十三丁，共征銀三百零六兩。

以上地丁二項，通實征銀三千八百四十四兩五錢八分有零。

武清縣丁附

原額民大地二千六百二十九頃七十五畝八分零，内除明季天津墩臺併逃絶拋荒外，實剩地二千六百二十五頃九十四畝七分零，共征銀二萬一千七兩五錢八分零。除圈投并僉縣舡及補衛舡等地外，實在民竈、會呂宮、淘馬監并認墾及歸并金燈等地，共四千二百七十一頃六十八畝一分

零，共征銀九千一百四十五兩八錢二分零。

原額人丁共七千一百三十二丁，今編審實在行差人丁共二千六百零六丁，共征銀一千二百六十七兩八錢八分零。

以上地丁二項，通實征銀一萬四百一十三兩七錢一分有零。

寶坻縣丁附

原額民地六千八百九十頃六十四畝七分二厘，共征銀一萬四千一百九十四兩一錢八分零。除圈投僉船等地外，實在民竈、退圈、開荒、宫邊、馬房、金盞等地，共六千一百八頃四十四畝八分零，共征銀一萬二百七十五兩二錢八分零。

原額民竈人丁一萬七千六百二丁，今編審實在行差人丁，共七千一百六十六丁，共征銀一千一百三十兩六錢二分。

以上地丁二項，通實征銀一萬一千四百五兩九錢三厘零。

涿州丁附

原額民地共五千二百七十三頃三畝二分七厘，共征銀二萬六千一百二十一兩九錢六分九厘

零。除圈丈投充帶去地畝外，存剩并撥補開墾等地，共三千七百二十八頃六十七畝九分七厘八毫，共征銀七千八百七十六兩七錢三分四厘有零。

原額人丁九千八百三十四丁，今編審實在行差人丁，并流寓人丁，共九千三百二十四丁，共征銀二千四百一十一兩三錢五分五厘。

康熙十三年，分吴應熊退出存剩尾房一十一間，每間租銀二錢五分，共租銀二兩七錢五分。

以上地、丁、房租三項，通實征銀一萬二百八

十兩八錢三分九厘有零。

房山縣 丁附

原額民地一千七百六十七頃三十七畝二分，共征銀一萬一千九十五兩七錢六分有零。除圈丈投充帶去並百磧荒地外，實在存剩撥補等地，共一千二百八頃五十五畝一分有零，共征銀五千七百一十五兩三錢有零。

原額人丁五千五丁，今編審實在行差人丁共三千八百六十九丁，共征銀八百六兩二錢九分有零。

以上地丁二項並房租，通實征銀六千五百二十一兩五錢一分有零。

薊州丁附

原額民地五千五百頃二十八畝二分，內除學田香火、義塚、邊屯、無主老荒、節年圈投外，實在存剩民地，并撥補退出開荒及額外屯衛等地，共四千一百四十五頃六十畝六分有零，并草房十九間半，共征銀七千九百二十兩一錢七分有零。

原額人丁一萬一千九百一十一丁半，今編審實在行差人丁四千四百九十一丁，共征銀一千三百三十一兩二錢三分有零。

以上地、丁、草房三項，通實征銀九千二百五十一兩四錢八分七厘零。

玉田縣丁附

原額民地五千二百一十六頃八十八畝六分一厘零，除圈投外，實在存剩并撥補等地，共五千三百四十六頃三十九畝四分零，共征銀七千七百七十九兩五錢七分五厘。

原額人丁一萬四百四十丁，今編審實在行差人丁三千七百八十七丁，共征銀一千六百三十一

兩四錢三分九厘零。

以上地丁二項，通實徵銀九千四百一十一兩一分零。

平谷縣丁附

原額民寄荒地一千一百二十四頃三十畝六分三厘零，共徵銀五千三百六十二兩九錢五厘零。除圈丈投充帶去外，實在存剩民荒并受清查等地共六百六十五頃三十一畝柴分三厘零，共征銀一千三百一十兩七錢二分零。

原額人丁五千四百四十四丁，今編審實在行

差人丁二千七百九十六丁，共征銀六百八十兩七錢一分零。

以上地丁二項，通實征銀一千九百九十一兩四錢四分九厘零。

遵化州丁附

原額上、中、下民地通折上地，除學田、營房地六頃四畝二分二厘九毫外，實在民地三千七百六十六頃六十三畝六分八厘二毫，共征正銀一萬七千九十二兩九錢九分七厘零。除圈丈投充外，實在存剩撥補清查節墾及歸併等地，共一千六百

六頃一十六畝五分九厘零，共征銀三千九百五十四兩三錢四分零。

原額人丁共一萬九千八百一十三丁，今編審實在行差人丁，共一萬一百七十五丁，共征銀一千八百七十六兩九錢三分零。

以上地丁二項，通實征銀五千八百三十一兩二錢九分有零。

豐潤縣丁附

原額民竈、小畝共地一萬一千五百九頃六十四畝六分八厘，共征銀八千四百二十四兩一錢五分一厘有零。除圈丈投充帶去地畝外，實在存剩並撥補新墾清查出開荒等地，共七千九百三十一頃七十七畝三分七厘有零，共征銀一萬一千二百九十八兩四錢有零。

原額人丁五千八百五十丁，今編審實在行差人丁共二千六百二十八丁，共征銀一千五百五十兩八錢二分零。

以上地丁二項，通實征銀一萬二千八百四十九兩二錢三分有零。

昌平州丁附

原額民地二千八百八十八頃七十畝二分四厘七毫，共征銀八千六百五十一兩六錢二分三厘有零。原額歸州、廠、宮、開荒新墾等地，共三百七十四頃四十六畝五分八厘有零，共征銀九百八十五兩一錢九分二厘有零。二項除圈丈投充帶去地畝外，實在存剩并撥補開荒等地，共一千八百四頃三十一畝八分零，共征銀四千七百一兩九錢四分九厘有零。

原額人丁一千一百七十七丁，今編審實在行差人丁二千四百一十三丁，共征銀六百八十四兩。

以上地丁二項，通實征銀五千三百九十五兩九錢五分有零。

順義縣丁附

原額民金地二千四百八十六頃八十八畝五分四厘有零，共征銀一萬三千六十九兩五錢七分七厘有零。除圈丈投充蠲荒去地外，實在存剩金地、河淤、香火、寄莊、撥補、開墾、自首、清查等地，共一千二百七十九頃八十畝六分八厘有零，共征銀二千六百一十三兩二錢二分有零。

原額人丁一萬一千七百一十六丁，六則門頭七百七十六門，今編審實在行差人丁，共二千七百一十一丁，實在六則門頭，共五十一門，共征銀五百二十二兩五錢五分。

以上地、丁、門三項，通實征銀三千一百三十六兩五錢九分有零。

密雲縣丁附

原額民地二千七百三十三頃四十三畝二分零，共征銀七千六百二十三兩八錢一分零。除圈丈投充帶去地畝外，實在存剩兑補開墾及歸并等地，共一千六百六十九頃五十二畝七分五厘零，共征銀三千一百七十二兩七錢一分零。

原額人丁一萬六千五百五十三丁，今編審實在行差人，丁共八千三百三十二丁，共征銀一千七百四十六兩一錢一分零。

以上地丁二項，通實征銀四千九百一十八兩八錢五分六厘零。

懷柔縣丁附

原額民地一千三百九十二頃二十二畝一分五厘，共征銀六千七百六十四兩八錢零。除圈丈

投充帶去地畝外，實在存剩新墾河淤及撥補等地，共六百四十頃九十五畝一分零，共征銀一千九百一十七兩六錢九分零。

原額人丁三千八百七十二丁半，今編審實在行差人丁，共一千七百三十丁，共征銀五百五十四兩五錢一分。

以上地丁二項，通實征銀二千四百七十二兩二錢有零。

霸州丁附

原額民地、鹹薄人荒無主地三十七頃七十五畝二分有零實地二千六百五十八頃一十八畝九分二厘有零，共銀一萬三千三百五十八兩七錢三分有零。除圈丈投充帶去地畝，實在存剩民地并撥補等地，共二千五百二十三頃九十二畝一分五厘有零，共征銀八千六百九十四兩六錢一分有零。

原額人丁共六千九百一十三丁，今編審實在行差人丁、共六千七百四十丁，共征銀三千二百九十二兩一錢九分八厘。

以上地丁二項，通實征銀一萬一千九百八十

六兩八錢八厘有零。

文安縣丁附

原額民地三千七百六十六頃六十六畝，共征銀一萬七千二百一十七兩七錢四分五厘有零。除圈丈老荒投充帶去地畝，實在存剩并新墾及豐潤退歸等地，共二千五百五十九頃八十七畝五分三厘六毫零，共征銀八千六百四十四兩三錢七分有零。

原額人丁八千八百七十六丁，今編審實在行差人丁共八千七百一十二丁，共征銀一千八百五十二兩七錢一分有零。

以上地丁二項，通實征銀一萬四百九十七兩一錢四分有零。

大城縣丁附

原額小畝民地四畝七分折一大畝，共折大畝民地一千七百六十七頃五畝二厘三毫四絲零，共征銀九千二百八十一兩八錢二分一毫五忽零。除圈丈投充帶去並浚河等地外，實在存剩民地并備邊荒地及葦課等地共一千九百四十六頃五十七畝五分九厘零，共征銀九千四百九十兩七錢五

分九厘零。

原額人丁一萬一千一百九十五丁，今編審實在行差人丁共一萬五百五十二丁，共征銀三千三百六十八兩九錢九分二厘有零。

以上地丁二項，通實征銀一萬二千八百五十九兩七錢三分一厘有零。

保定縣丁附

原額民地五百五十五頃三十三畝三分零，共征銀二千三百八兩一錢九分零。除圈丈外，實在存剩撥補退出等地，共四百八頃五十八畝五分零，共征銀一千三百七十九兩七錢九分零。

原額人丁六百八十七丁，今編審實在行差人丁共八百八十一丁，共征銀三百三十四兩三錢九分零。

以上地丁二項，通實征銀一千七百一十四兩一錢九分零。

順天府志卷之五目録

典禮

經費

祀享

典禮類小言

治國之要，經禮曲禮。赫赫聖朝，制作宏美。四海八荒，於是規矩。秩秩煌煌，不可悉紀。掌在宗伯，餘何敢贅。志典禮類。

經費

聖駕躬耕耤田，本府備牛犂、穀種、耕具、良民二百餘人，優人扮風雲雷雨神，小伶爲村莊播鼗鼓，唱《太平歌》，列耤田。待駕執鞭、執犂，稍前導，扶犂，執箕器，輔駕左右，爲幫耜臣，凡往回者三。駕升望耕臺，公卿以次親耕。小伶衣田

家服，奉五穀以進。駕回，受賀畢，宴三品以上官，賜耆老布帛、豚肉，官民各執農具，隨駕以從，至午門乃止。以上舊出大、宛兩縣鋪税銀辦。

犧牲所銀一十二兩。大、宛兩縣各六兩。

欽天監曆日銀二十一兩一錢一分。大、宛兩縣各一十兩五錢五分五厘。

大興、宛平知縣俸銀共一百二十兩。每縣六十兩。

大興、宛平心紅紙張油燭銀共四十兩。每縣二十兩。

大興、宛平縣丞俸銀共九十兩。每縣四十五兩。

大興、宛平典史俸銀共六十三兩四錢。每縣三十一兩七錢。

齊家莊巡檢俸銀三十一兩五錢二分。宛平縣項下。

王平口巡檢俸銀三十一兩五錢二分。宛平縣項下。

石港口巡檢俸銀三十一兩五錢二分。宛平縣項下。

盧溝橋巡檢俸銀三十一兩五錢二分。宛平縣項下。

廣源閘閘官俸銀三十一兩五錢二分。宛平縣項下。

慶豐閘閘官俸銀三十一兩五錢二分。大興縣項下。

鄉飲酒銀共二十兩。大、宛兩縣各十兩。

修理監倉銀四十兩。大、宛兩縣各二十兩。

征糧由单紙張銀共二十兩。大、宛二縣各十兩。

各衙門上任結彩夫工食銀二十四兩。大、宛兩縣各十二兩。

朝覲造册紙張銀共十六兩。大、宛兩縣各八兩。

雜支銀共二百六十八兩。大、宛兩縣各一百三十四兩。

鄉試上馬、下馬二宴。

鄉場飯饌品物及正辦、補辦家伙。

鄉場内供給賃辦家伙。

自康熙九年，錢糧歸守道，後凡遇鄉試，咨呈户部，行直隸撫院撥給大、宛兩縣，其動用準銷數目，每科不等。

會場内供給賃辦家伙。

會場内供給匠作。

會場内供給木柴、炭、藋蒂。

會場外供給擡送卷、燭、行李等項人夫。

會場雜辦錢糧。

禮部提調取刑具、梨板、椵板、黄蠟。

入場書皂工食併協濟銀。

以上俱大、宛兩縣鋪税銀辦。

武鄉試上馬、下馬二宴。

武鄉場飯饌品物及正辦、補辦家伙。

武鄉場内供給匠作家伙。

武鄉場外供給擡送卷、行李等項人夫。

自康熙九年，錢糧歸守道，後凡遇鄉試，移守道彙催總解。如不敷，咨呈兵部，轉咨户部，將京衛額例銀動用。準銷數目，每科不等。

武會場品皿梨板、彩花、銀牌。大、宛兩縣備辦，場竣，府尹據縣册送工部查銷。

祀享

方澤壇，夏至大祭。柳箕、竹籮，銀一十二兩八錢。大興、宛平兩縣各六兩四錢。

文廟春秋丁祭銀，共八十兩。大興、宛平兩縣各四十兩。

啓聖祠。丁日同祭。

各宦祠。丁日同祭。

鄉賢祠。丁日同祭。

宋文丞相信國公祠。丁次日祭。

三小祭無祀鬼神銀，共四十兩。大興、宛平兩縣各二十兩。